AF408875

Aprende ingles con super dibujos super dibujos y sus significados en ingles

Gold

Published by Gold, 2023.

While every precaution has been taken in the preparation of this book, the publisher assumes no responsibility for errors or omissions, or for damages resulting from the use of the information contained herein.

APRENDE INGLES CON SUPER DIBUJOS SUPER DIBUJOS Y SUS SIGNIFICADOS EN INGLES

First edition. April 4, 2023.

Copyright © 2023 Gold.

ISBN: 979-8215274941

Written by Gold.

Dedicado a todos

Aprende ingles con super dibujos
Super Dibujos y sus significados en ingles

COMENCEMOS
CON LOS
PRONOMBRES

I   ES YO
YOU ES TU
HE ES EL
SHE ES ELLA
IT ES ELLO -ESO
WE NOSOTROS
THEY ES ELLOS

EJEMPLOS CON
PRONOMBRES

YO SOY UN GATO
I AM A CAT

TU ERES UN BUEN GATO
YOU ARE A GOOD CAT

EL ES MI HERMANO
HE IS MY BROTHER

ELLA ESTA ENAMORADA

SHE IS IN LOVE

ESTA ES MI ALARMA

IT IS MY ALARM

NOSOTROS SOMOS AMIGOS
WE ARE FRIENDS

ELLOS ESTAN FELICES

THEY ARE HAPPY

AVANCEMOS

SIGAMOS POR LOS SIGNIFICADOS

CACHORRO
LOCO
CRAZY PUPPY

OSITO CON MIEDO
SCARED BEAR

ENOJADO

ANGRY

DECEPCIONADO
UPSET

SOY UN MONSTRU
I AM A MONSTER

ME GUSTA COMER
PESCADO
I LIKE TO EAT
FISH

COMO ME GUSTA
APRENDER INGLES
CON SUPER
DIBUJOS

ESTA BIEN
PERO
DEBEMOS
SEGUIR

ME GUSTA HACER GIMNASIA

I LIKE TO DO GYMNASTICS

¿HOLA COMO ESTAS?
HELLO, HOW ARE YOU

ESTOY
DURMIENDO

I AM
SLEEPING

ESTOY
VOLANDO

I AM
FLYING

LINDA SONRISA
NICE SMILE

ESTOY AVERGONZADO
I AM ASHAMED

TE AMO
I LOVE YOU

ME ENCANTA DORMIR

I LOVE SLEEPING

AHORA VEAMOS
ALGUNOS
SIGNIFICADOS

SONRIENTE

SMILING

ESTUDIANDO

STUDYNG

ESTOY BAILANDO
I AM DANCING

SORPRENDIDO

SURPRISED

¿OYE
ESCRITOR
COMO VAS A
PONER PO PO
AHI ?

¿ESTAS LOCO?
ARE YOU CRAZY?

ESTOY FELIZ
I AM HAPPY

CANTA
CONMIGO
SING WITH ME

ABURRIDO

BORED

LECHE
MILK
MILK

ENFURECIDO
ENRAGED

GOLPE
BANG

SOY TIMIDO

I AM SHY

HACE FRIO
IT IS COLD

TENGO UNA PREGUNTA

I HAVE A QUESTION

SOMOS CAMPEONES
WE ARE THE CHAMPIONS

SORPRESA
SURPRISE

AHORA VEAMOS ALGUNOS SIGNIFICADOS PERO DE OBJETOS ANIMALES O PERSONAS

TIGRE

TIGER

ELEFANTE

ELEPHANT

PERRO
DOG

PEZ
FISH

GATO

CAT

FLOR
FLOWER

AMISTAD

FRIENDSHIP

QUE BUENO
QUE
HALLAMOS
APRENDIDO
TANTITO

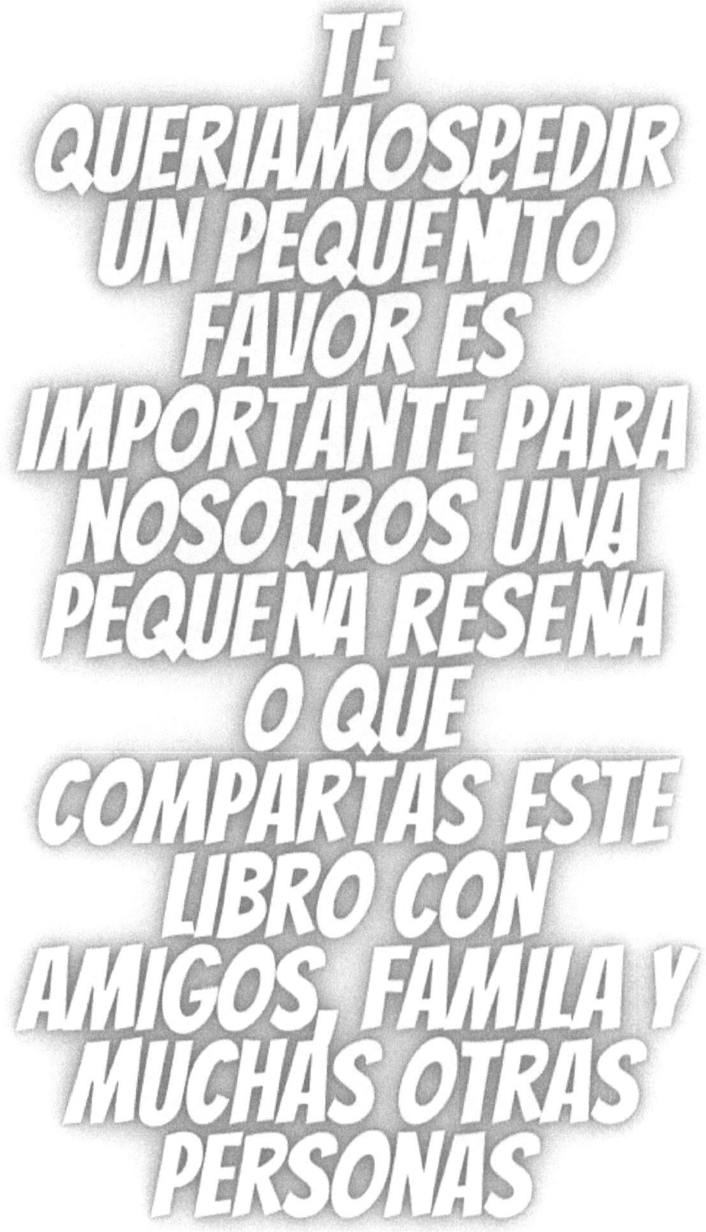
TE QUERIAMOSPEDIR UN PEQUENTO FAVOR ES IMPORTANTE PARA NOSOTROS UNA PEQUENA RESENA O QUE COMPARTAS ESTE LIBRO CON AMIGOS, FAMILA Y MUCHAS OTRAS PERSONAS

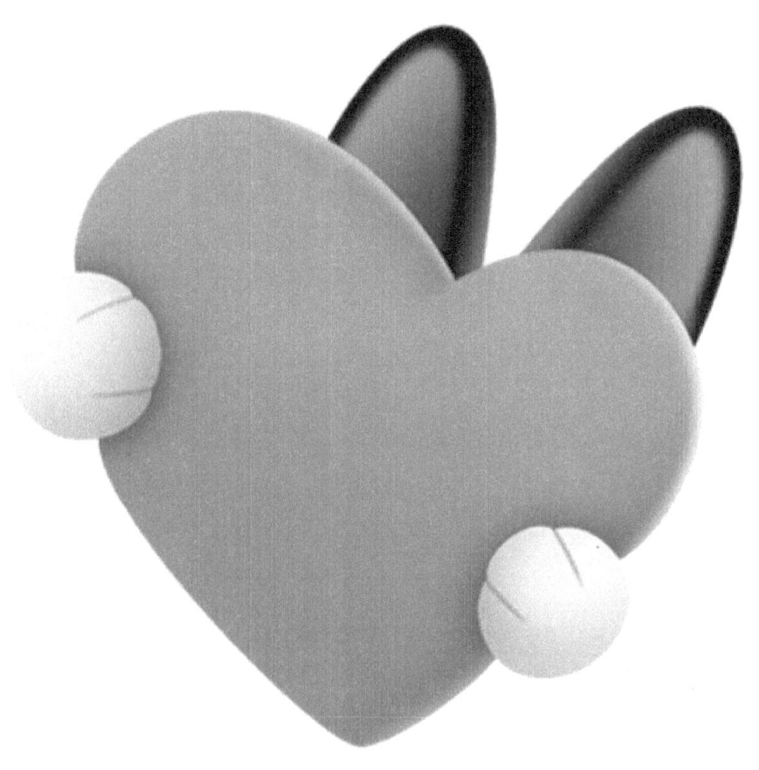

ESTO ES
FANTASTICO

THIS IS
FANTASTIC

SI QUIEREN UNA
SEGUNDA PARTE,
TAMBIEN AVISEN NIÑOS
O PAPAS Y SEGUIREMOS
HACIENDO MAS DE ESTOS
CONTENIDOS

ESPEREN, ESPEREN
AHI VAN LOS
NUMEROS

UNO
ONE

DOS: TWO
THREE:TRES
FOUR:CUATRO
FIVE:CINCO
SIX:SEIS
SEVEN:SIETE

EIGHT:OCHO
NINE:NUEVE
TEN:DIEZ

LoL!

NOS ENCANTA QUITARLES UNA SONRISA Y TAMBIEN QUE PUEDAN APRENDER

GRACIAS
THANK
YOU

www.ingramcontent.com/pod-product-compliance
Lightning Source LLC
Chambersburg PA
CBHW051905130726
47987CB00002B/982